AF606162

ESTA CASA QUE SOY

David Ferrez

Aliarediciones

Corrección: Eladia Guerrero
Diseño de cubierta: Pablo Arellano
Maquetación: Aliar Ediciones

Depósito Legal: GR 289-2026
ISBN: 979-13-88058-87-5

Impreso en España

Edita
Aliar Ediciones
www.aliarediciones.es
info@aliarediciones.es

ESTA CASA QUE SOY

David Ferrez

LA PUERTA DE LA CASA

Al acabar la lectura de este último libro de David Ferrez, la primera pregunta que se me viene a la cabeza es, quizá, más histórica que filológica, aunque también: ¿Existe una nueva escuela de poesía en Granada? ¿La *otra sentimentalidad* ha dejado su huella, a pesar de los pesares? Los indicios que dejan libros como este que hoy comentamos y otros varios, escritos y publicados por compañeros de generación, parecen emitir señales en esta dirección.

No es el primer libro que publica David Ferrez, ya en 2019 apareció *Sudores sin fruto,* galardonado con un premio, al igual que su siguiente libro, *Los ojos del frío* (2021), e incluso el tercero, *Un rostro muerto en el espejo* (2025), distinguido precisamente en Granada con el Premio Elena Martín Vivaldi. Así mismo, ha colaborado con distintas publicaciones periódicas de prestigio como *Tropelías, Quimera* o *Zéjel* y ha sido incluido en varias antologías: *Cuando dejó de llover. 50 poéticas recién cortadas* (2021), *Simiente* (2023) y *Última poesía crítica. Jóvenes poetas en tiempo de colapso* (2023), además de una larga serie de colaboraciones. No se trata por tanto en este caso de introducir el libro de un joven poeta en período de aprendizaje, sino más bien de un poeta ya hecho en proceso de maduración.

Este, su cuarto libro de poemas, acude a una estructuración tripartita en la que el texto se divide en los siguientes apartados: «La piel o el olvido», «Bitácora de invierno» y «Rumor de fondo». La mayoría de los poemas de las tres partes no tienen título, sino que van numerados a la romana, como si fuesen secuencias de una misma sinfonía, excepto en la primera sección, en la que, como verá el lector, el primero y el último tienen título. Estas partes son prácticamente simétricas: catorce poemas con dos fugas o variantes al comienzo y al final; doce poemas la segunda y doce poemas la tercera. Una estructura con indudables concomitancias musicales.

La metáfora inicial y central del libro, su *deux machina*, está ya expresa en el mismo título: *La casa que soy*, de indudables ecos freudianos, que el autor aclara en una extensa cita del maestro vienés. La conciencia, el dibujo del yo, como una casa con sus habitaciones, pero también con aquellos cuartos olvidados de los que, cuando menos se espera, salta el oscuro y a veces turbio inconsciente o la antigua morada que abrigaba el alma de los creyentes. Desde esa conciencia arquitectónica, el poeta va a trazar un recorrido sentimental que arrancará en la constatación de la otredad y culminará en la descripción de lo que él llama «rumor de fondo», es decir, los elementos de una educación sentimental que han construido esa casa tal y cómo podemos admirarla hoy.

La construcción de una casa está asociada inconscientemente al concepto tradicional de la familia y este, por el camino de una ideología sentimental, igualmente tradicional, al Amor. A través de este proceso, la casa se transforma en el escenario de la otredad, en el lugar en el que dos supuestos sujetos se relacionan de manera positiva, aunque a veces también de manera contradictoria, e incluso negativa. Este conflicto es el que plantea el autor en la primera parte de su poemario, titulado muy significativamente «La piel o el olvido». Los poemas de esta sección abordan el tema eterno de una relación sentimental, pero enfocándola desde un punto de vista distinto, un punto de vista que podríamos llamar «otro», en la medida en que no se conforma con las apariencias de los sentimientos, sino que investiga su lógica interna a través de los condicionamientos emocionales y sociales, a través de las condiciones reales de existencia de un joven español en el primer tercio del siglo XXI. Hay en estos poemas indudables aciertos formales («No es difícil sentirse un extranjero / en los paisajes cotidianos de la historia» o «No se extraña un amor / sino el cuerpo que lo habita», etc.). El cara a cara amoroso frente al otro acaba pareciéndose mucho a una imagen muy querida por este poeta, no solo en este libro sino en los anteriores, la imagen del espejo: «Espejos que tiritan al mirarlos». La imagen de la amada nos devuelve la nuestra. Pero ¿quién ese ese que se asoma solo al espejo?

La segunda parte comienza con una magnífica cita de Blas de Otero: «El yo por su misma configuración deviene en hoyo / en vacío, al extrañarse del tú y quedar desterrado». ¿Quién queda si en el espejo ya no está el otro/la otra que también quiero ser yo? A partir de aquí, el personaje poético va a abordar una indagación, o quizá una reconstrucción, de su propia subjetividad. El libro, a mi juicio, alcanza en esta parte sus mayores logros: «La jaula habita dentro del pájaro...» o «Mi deuda / se resiste a mirarse en un espejo / a reconocerse...» o bien «... la conciencia / de un extraño personaje / que firma con mi nombre» y finalmente «siempre me pregunto / por qué me siento tan cómodo / entre los muertos». ¿Qué muertos? Sin duda, los maestros de la tradición: Bécquer, Ángel González, Brecht, César Vallejo, etc. A partir de ellos y debajo de una lámpara, el autor va a intentar construir su propia subjetividad, tal y como nos señala en el magnífico poema IV de esta sección:

Bajo la luz de una lámpara
trazo los límites del mundo.
Un cuerpo, en su palabra inscrito,
esboza sus contornos
en el blanco de una página.

El mundo está ahí,
las cosas están ahí.

El mundo está ahí, afuera, y no solo hay un otro/otra, sino que están también los otros, los otros de Rimbaud y de tantos poetas modernos. Y ellos, la colectividad, responden a un orden injusto, el orden del capitalismo. Entre el poeta y los otros se teje una espesa red de intereses, fundamentalmente económicos, que condicionan de un modo muy determinante sus relaciones («Sé que ha llegado (septiembre) / por las demandas de empleo / que alzan el vuelo buscando / un verano extranjero». «Todos los domingos / son el mismo domingo». «Adónde huir, entonces, del asedio / si escrito está el mercado en nuestro cuerpo / como un poema / en el dorso de un billete»).

Es, entonces, lógico que el poemario desemboque en un «rumor de fondo» al alcanzar su tercera parte. En él, se explicitan los grandes maestros: Juan Ramón, Alberti, Bertolucci, etc., y el poeta les pide que lo acompañen en una singladura en la que su bitácora conduce ya con una navegación mucho más segura que en los recorridos anteriores. Es por eso por lo que el poeta se abandona aquí a las temáticas, aparentemente inocentes, pero que le van a interesar en cada momento: lo cotidiano, libresco, cinematográfico, musical, ecfrástico, social, incluso en forma de homenaje ingenuo y muy lorquiano/sentimental a los amigos y camaradas de inquietudes y preocupaciones, compañeros de los años de universidad. Desde las preocupaciones filológicas de un horizonte idiomático trasatlántico, el autor se acuerda no solo de Eduardo Galeano o Blas Infante, sino también de Carlos Marx. Destacan aquí los poemas dedicados a su padre y a su abuelo, pero llaman especialmente la atención alguno de los dedicados a las tareas domésticas, porque quizá estos revelan un entendimiento distinto de la masculinidad, como por ejemplo el poema IX de esta sección:

Entre amoniaco, lejía y guantes
con bayetas, fregonas y cepillos,
has mudado la cáscara del día
igual que el agua fuerte a los retretes
y estrujas el aliento en el barreño
para que no se pierda ni una gota.

Los dos últimos poemas del libro son, como ya he señalado, un poema dedicado a los camaradas de la universidad, y otro en el que se narra una vuelta a Berlín, el lugar en el que se conocieron los amantes. Es un poema que intenta cerrar el círculo del recorrido que el personaje poético ha protagonizado durante todo el texto, es decir, la conclusión y el cierre de un recorrido desde lo sentimental a lo colectivo. La «vieja ilusión por asaltar los cielos» se transforma en «un manzano en flor me incita / a cometer un crimen en forma de poema». Hace tiempo que cayeron los muros en esa ciudad mítica, todos los muros «salvo el de las clases», y también ocurre algo parecido en las «casas» que la habitan. Se abre la tierra, como se abre un hogar, como se abren sus puertas después de tanto tiempo, para que respire, como se abre una conciencia. Como, en definitiva, se abre la certeza de que los nuevos aires contribuyan a la maduración de la palabra poética en este magnífico libro en el que el autor ha puesto tanto de sí mismo para llegar a sí mismo, para reconocerse.

Álvaro Salvador

Soy una casa. Dentro de mí está oscuro. Mi conciencia es una luz solitaria, una vela en la brisa. Parpadea, a veces aquí otras allá. Todo lo demás está a la sombra, todo lo demás está en el inconsciente. Pero está ahí, en otras habitaciones, nichos, pasillos, escaleras, puertas, todo el tiempo, y todo lo que vive en ellos, todo lo que camina junto a ellos está ahí, funciona, vive en esta casa que soy.

Sigmund Freud

La piel o el olvido

Igual que una piel,
al despegarse de otra piel,
Desde la plenitud de dos
cae en la soledad que renueva el deseo.
Ángeles Mora

El lenguaje es una piel;
yo froto mi lenguaje contra otro.
Roland Barthes

Lo más profundo es la piel.
Paul Valéry

EPIDERMIS

Si el amor, como todo, es cuestión de palabras,
acercarme a tu cuerpo fue crear un idioma.
García Montero

Cuando pronuncias mi nombre
y amanece la carne
porque la sangre acude,
dócilmente,
al reclamo de mis venas
por oírte.
Cómo contenerme cuando mi cuerpo
se hace palabra en tu boca
y ocupas el espacio
gramatical que te define
y escribimos,
cuerpo a cuerpo,
la crónica literaria
de un encuentro casual
con un lenguaje propio,
sin imperativos.

I

Cae la luz
rota en mil colores
Teresa Gómez

Caen los días
en un saco roto
ahora que el frío
abraza un cuerpo
igual que a la nieve.
En los oscuros adoquines
caen las oscuras golondrinas
ahora que otro cuerpo
anida en tus manos.

II

Después de este paréntesis ficticio,
vuelven a ti
los hogares transitorios
y las nóminas precarias.
De las noches veraniegas
conservas las huellas
de unos dedos temblorosos
—dedos casi entumecidos
como flores silvestres—
sobre tu piel escritas.

III

y solo cuando el piso acaba de moverse,
uno advierte que, entre otras cosas,
las nostalgias han cambiado de sitio
Mario Benedetti

Ignoro la mesita de escritorio
el polvo que corona los espejos
los clavos que colgaban nuestra historia
en marcos de 50 x 70
las bombillas que dibujan
la sombra de otros objetos
que ocupaban estantes ahora vacíos
—con cierta indiferencia—
y estas palabras
deliberadamente escritas
en las que busco un espacio distinto
para ubicarte.
No es difícil sentirse un extranjero
en los paisajes cotidianos de la historia.

IV

Del amor nada sé, solo conozco
el cuerpo de mi amada.
Álvaro Salvador

No se extraña un amor,
sino el cuerpo que lo habita.
Ese cuerpo que suspira
y se retuerce,
que embiste y se acobarda
—en los aleteos últimos
que nos ofrece el deseo—
antes de vencerse a la *petite mort*.
No se extraña un amor,
solo a los cuerpos
que una vez conocimos.

V

Imagino el mar, la noche.
Luces frente a nosotros
que dibujan bahías de espuma.

Llegan, difusas,
conversaciones a la orilla:
facturas ostentosas
que nunca pudimos
permitirnos.

Después un salón,
un sofá,
donde olvidamos el yo en la carne extraña
de un crimen sin culpables
que mañana pagaremos
por separado.

VI

Hoy he amanecido
como siempre, pero
con un cuchillo en el pecho.
José Ángel Valente

He amanecido
como siempre en esta playa
con el bostezo de las olas
recién levantadas
y llena la boca de arena
y amor.

Tú también amaneciste
tendida frente a mí,
—los dos—
como fardos de hachís
varados en la orilla
o una patera con subsaharianos.

VII

De las calles heredamos
el pulso de los pueblos explotados
y esa huella de ceniza
cuando pasa de largo la vida ante nosotros.
Tímidamente cruel,
aprendimos la tristeza por costumbre.

VIII

He vivido aplazando la amenaza
del invierno en los ojos
Joan Margarit

Nunca pude acostumbrarme
a la amenaza del invierno
en mis ojos,
cuando me sentaba a esperarte
mientras el aire acariciaba
levemente la cortina.
Y bailaba la noche
en los tejados
con la clara luz del día.
Y se adentraban las nubes
en el cruel itinerario
del tiempo.
Hay despedidas
que siempre nos recuerdan
aquello que nunca fuimos.
Espejos que tiritan al mirarlos,
ese frío que me acompaña
cada tarde
cuando me siento
—otra vez— a esperarte
mientras el silencio acaricia
levemente la cortina.

IX

Sin pedir permiso,
ha entrado el viento por la ventana.
Los apuntes de las oposiciones
se revuelcan por las sábanas,
como lo hacían nuestros cuerpos
en otro tiempo.
Te recuerdo contando, en un almanaque,
los días que faltaban para el examen
cada mañana y cómo,
después de reprochártelo,
te recitaba aquellos versos de *Lavorare stanca.*
Recuerdo que lo dejaste olvidado
sobre la mesa, al irte.
Confieso que, pese a estar vencido,
no lo he tirado a la basura
por si alguna vez
regresaras
igual que una ráfaga de viento.

X

En este viaje confuso
me someto a las palabras:
les permito que hablen por sí solas.
Solo ellas saben cuánto tardaré
en acostumbrarme a la herida
que dejó en mis venas
el latido de tu nombre.

XI

Esta ciudad tan nuestra
mira con otros ojos.
A mi paso se funden las farolas
en las orillas del Darro
y por su cauce solo navega
un incesante murmullo de vencejos,
y el destello deslumbrante
de una cámara fotográfica.
Tan solo me acoge esta tertulia
de suburbio; trapicheos entre comadres
que comparten un patio común
y la economía sumergida.

XII

Ausente, en la memoria la imagino
Garcilaso de la Vega

Cuando la silueta de su muerte
las huellas de mi nombre oculte,
y otra vez los años precipiten sus palabras
al vacío de una página en blanco.
Solo la memoria habitará
sus confines,
sentará plaza en su vientre;
quizá otros nombres,
quizá otros cuerpos,
arrastrarán mi sombra
hacia una devastada orilla.
Tal vez entonces
empezará a escribirse este poema.

XIII

La distancia aprendió con motivos
los trasbordos de la memoria:
Méndez Álvaro, Atocha,
Aranjuez vía seis,
por obras de mejora,
disculpen las molestias.
Solo el reencuentro justifica la tristeza
que anuncia, por megafonía,
los andenes imprevistos.

XIV

Donde fuiste feliz alguna vez
no debieras volver jamás.
Félix Grande

La ciudad se abre entre los callejones
que una vez recorrimos.
Al mirarlos, los espejismos se esconden
en la frialdad de los portales.
Vuelvo a sentirme un extranjero.
Camino. Lo sé porque la humedad
de las aceras inunda mis zapatos.
Ahora no llueve. Son las luces navideñas
las que se derraman sobre los charcos.
En el cine de nuestro barrio
reponen esta semana
Últimas tardes con Teresa.
No volveré a verla
por respeto a tu memoria
—y a la de Juan Marsé—.
Llego a nuestra casa,
toco el timbre: una joven chilena
me abre la puerta.
Ha colgado un retrato de Allende
donde colgamos *El beso* de Klimt.

HIPODERMIS

De aquel paraíso ingenuo
mantengo la inocencia
de un adolescente
que acude a tu deseo
solo y desnudo.
Cómo olvidarse del rastro oscuro
de tu nombre
cuando despierta la primavera en tus pupilas
y se cierne la nostalgia
sobre el paraíso ingenuo de tu cuerpo
y las sábanas sueñan con tu piel
o el olvido.

Bitácora de invierno

No es el tiempo el que pasa
es el hombre
Francisco Alonso Ruiz

El yo, por su misma configuración, deviene en hoyo,
en vacío, al extrañarse del tú y quedar desterrado
del nosotros
Blas de Otero

Sigo a un hombre que tropieza
y se levanta y dice al verme: nadie.
Octavio Paz

I

¿Cómo hablar del no-yó sin dar un grito?
César Vallejo

¿Cómo sé que algo existe si no lo diferencio de *un autre*?
Un ser vivo, por ejemplo,
cómo lo distingo de un objeto insensible.
Poco o nada identifico en el entorno,
ni mucho menos puedo deleitarme con lo bello
—si lo hubiese—. Los relojes se marchitan en mis manos.
Desconozco la medida exacta de los días.
No despierto
aunque amanezca.
La jaula habita dentro del pájaro.

II

Cuidarse del enemigo es acecharlo
Maquiavelo

Vigilo, frente al espejo,
los gestos y miradas que los definen.
Me cuido de mis enemigos
acechándome.

III

Nos introducís en la vida
y dejáis que el desdichado
llegue a ser deudor
Goethe

Pago la deuda que implica
la neurosis cotidiana
con un insomnio que bordea
una certeza. Mi deuda
se resiste a mirarse en un espejo,
a reconocerse como el sueño
que se pierde
y que genera plusvalía
—sin saberlo—.

IV

Bajo la luz de una lámpara
trazo los límites del mundo.
Un cuerpo, en su palabra inscrito,
esboza sus contornos
en el blanco de una página.

El mundo está ahí,
las cosas están ahí.

El blanco de la página
asedia a la lámpara
con las sombras del cuerpo recibido.
Entonces, la palabra se repliega
incapaz de darles forma.

V

No.
No está desajustada la ventana;
la que está desquiciada es mi memoria
Ángel González

Ya no entra claridad por la ventana.
Tampoco en las fachadas colindantes,
ni un azul —que no es azul—
sucedáneo de cielo.
Quizá me confundan
el velo de nostalgia que envuelve los parques
o las voces de los niños diluyéndose
en la ligera brevedad del día.

VI

El desterrado fantasma
que ahora escribe
J. L. Panero

No es cercano este septiembre
—como en otro tiempo—.
Sé que ha llegado
por las demandas de empleo
que alzan el vuelo buscando
un verano extranjero,
—menos hostil, quizá—
mientras la sombra del día
ahonda más en el día.
Y por este frío —aún ligero—
que desnuda la conciencia
de un extraño personaje
que firma con mi nombre.

VII

A Pablo del Águila

Esta mañana
me ha dolido el mundo
un poco menos.
Tomando el desayuno,
he saboreado la alegría.
Entonces, he pensado en ti, Pablo,
y he leído tus poemas
de soledad, amor, silencio y muerte
porque nunca viene mal
un poquito de tristeza
que nos abra los ojos
y nos llene el corazón de aire.

VIII

Ahora que mi casa desconoce
el orden de la agenda y sus horarios
y los domingos se agotan
en viajes a Madrid, por autovía,
y muda el acento su piel vespertina
igual que los reptiles su pasado:
he comprendido que el hombre
es un animal de costumbres.
Tras la puerta del estudio
recibo en soledad el abrazo sincero
que acompaña a los reencuentros.
Oigo los quejidos del aire acondicionado.
Deshago la maleta.
Coloco la compra en las taquillas.
Riego las flores del balcón
—cómo es posible
que tiriten de frío en verano—.
Este cuarto que sufre
resignado mis horarios
no ha cambiado
durante mi ausencia.
Todos los domingos
son el mismo domingo.

IX

Sabiendo nada más que vivir
es estar a solas con la muerte
Luis Cernuda

Cuando cae tímida
la luz en la tarde
y en mis ojos,
se desploman
Los mares del sur,
como se desploma
Vázquez Montalbán
—en el aeropuerto de Bangkok—
tras un infarto fulminante.

Cuando cae tímida
la luz en la tarde
y, en el gramófono,
Thelonious Monk descubre al mundo
su *Straight, no chaser* at the Persian Room
of the Plaza Hotel
como descubre el *río Hudson*
—y la silueta entrecortada de Manhattan—,
desde la misma habitación prestada
donde consume sus últimas horas

tumbado en la cama, vestido de traje,
mirando al techo.

Cuando cae tímida
la luz en la tarde
y en *Los olvidados*,
abre Buñuel las carnes
del capital mexicano,
como se abren sus labios
para decirle a Jeanne:
Maintenant je meurs vraiment.

Cuando cae tímida
la luz en la tarde,
siempre me pregunto
por qué me siento tan cómodo
entre los muertos.

X

La noche se afianza sin respiro,
lo mismo que un esfuerzo.
Gil de Biedma

Durante la noche,
un deseo
empuja irrefrenable
al inconsciente cinematográfico
del sueño.

Arbitrarias imágenes se escurren
como peces de riachuelo:
como peces de hipotálamo.

Como racimos de celuloide
arde la nostalgia,
cuando despierto.

XI

Estoy mirando el letrero del metro
porque somos el tiempo que nos queda
—cinco minutos para ser exactos—.
Ya lo dijo Brecht a su manera:
No me gusta el lugar de donde vengo.
No me gusta el lugar adonde voy.
Pero miro el letrero con urgencia
porque la vida es eterna
durante cinco minutos.

XII

El infierno no son aquellos otros
que siempre se quedaron lejos
de mi calor:
el infierno soy yo.
Mi nombre es el desierto donde vivo.
Ángeles Mora

Nadie dijo que el infierno
—este infierno *malevaje*—
habitaba en nosotros.
Adónde huir, entonces, del asedio
si escrito está el mercado en nuestro cuerpo
como un poema
en el dorso de un billete.

Rumor de fondo

Por debajo, como un sueño,
pasa el agua.
Juan Ramón Jiménez

En frío, voy a revelaros lo que es un sótano por dentro.
Rafael Alberti

I

*Una llengua **és** un mercat*
Jordi Graupera

Un alumno peruano —residente en Usera—
pregunta al nuevo profesor
de qué país viene
porque no identifica
su acento granadino,
ni el destino macabro
que ha hecho posible
que se conozcan
en un aula de instituto.
Y su profesor interino,
al explicarle
las variantes dialectales
del español,
piensa en Galeano,
en Blas Infante
y en Carlos Marx.

II

Hace dos semanas
compré una cartera en el rastro
donde guardo la foto de mis padres
el carné de identidad
cincuenta euros mal contados
y el carné del sindicato.
Arrellanado en la butaca,
ojeo con pereza
un tratado deslucido
sobre el modo en que se forman,
se distribuyen
y se consumen las riquezas.
De entre sus páginas,
como un suave escalofrío,
una mano invisible
penetra en el bolsillo
para desvalijarme la cartera.

III

La hija
del jardinero
que arranca en los arriates
las malas hierbas
quiere ser saxofonista
—igual que Charlie Parker—
para que en su boca broten
pájaros de metal
en cada primavera,
en cada parque,
donde su padre jubilado
arranque las malas hierbas
que brotan, de nuevo,
en los arriates.

IV

Prima della rivoluzione
Bernardo Bertolucci

Se ha despertado Fabrizio
—con la luna de Parma todavía en los ojos—
sufriendo el vacío del tránsfuga.
Esta noche
ha soñado con Agostino.
El cadáver
flota en su inconsciente
envuelto en una mortaja
de agua.
Sirve la criada
el desayuno en la mesa.
Después
pasea su nostalgia por las calles
manoseando la corbata,
sacudiendo su traje,
soñando con Gina:
tan imposible
como la utopía
que murmura en los tugurios
que frecuenta
con los hombres no tan buenos
que frecuenta

para mudarse de clase
—o eso dicen—.
Pero late la leche de Luperca
en lo profundo de su piel
como palabra heredada
de la historia en el seno materno.
Manoseando la corbata,
sacudiendo su traje,
soñando aún con Gina,
vuelve Fabrizio
a la hora del almuerzo
por los caminos
trillados de la burguesía.

V

El día que cobro la nómina
actualizo mi informe laboral
y cuento los días, los meses, los años
y agradezco el privilegio que supone
haber cotizado un trienio
en menos de un lustro
siendo interino.
Pero me comparo con mi padre
—a la misma edad que tengo—
sus estudios primarios
sus días, sus meses, sus años
su casa y su coche
—a punto de casarse—
con mi máster en estudios literarios
mi trienio recién estrenado,
mi alquiler asfixiante,
mi abono transporte,
mi amor a distancia
y entiendo por qué mi padre
pese a tanto privilegio
nunca dejó de sentirse
un obrero precario.

VI

Si Lewis Carroll supiera
cuántos conejos blancos
coinciden
en una estación de autobuses.
Cada pasajero
peregrina por su historia
sin que nadie la escriba,
sin que nadie le pregunte
qué camino ha de tomar
o a dónde quiere ir
o «¿quién eres tú?».
Ya sea fumando,
hablando por teléfono,
paseando:
cada cuerpo, a su modo,
soporta
la indomable voluntad de los relojes.
Cansados del té y sus ceremonias,
se adhieren mis ojos
al tragaluz
igual que un cuerpo recién mojado.
Se quiebran de pronto
los cristales del espejo.
Una voz profana
la intimidad de los andenes:
«Amigo, ayúdame con treinta céntimos».

VII

¿Aún les parecía caro el pescado? ¡A duro debía costar la libra...!
Blasco Ibáñez

Un joven marinero se desangra
en la sala 61
del Museo del Prado
ante la atenta mirada
de las visitas.
Sus ojos penetran el cuadro
igual que la luz
por la escotilla de la barca,
adueñándose
de la bodega y sus enseres.
Asombrados, contemplan
la luz naturalista de Sorolla,
el gesto moribundo
del marinero,
el encuadre desplazado
que sugiere el oleaje
y los peces plateados
—casi impresionistas—
desprovistos de salmuera.
Cuántos de ellos
volverán
mañana al mercado

por la pesca del día
mientras el joven marinero
continúa desangrándose
en la misma sala
del museo
ante la atenta mirada
de nuevos visitantes.

VIII

A doce metros de altura
derribo un muro de ladrillos.
A doce metros de altura
temblaron las piernas
de mi abuelo antes
de dejarse colgada
una de ellas en un andamio.
A doce metros de altura
tiemblan al mismo tiempo
el martillo mecánico,
los tendones de la mano,
la jornada intensiva
y las patas del andamio.
A doce metros de altura
regresa mi abuelo
a un andamio
con el vértigo tiritando
en la memoria
a punto de caer en la niebla del escombro.

IX

Entre amoniaco, lejía y guantes
con bayetas, fregonas y cepillos,
has mudado la cáscara del día
igual que el agua fuerte a los retretes
y estrujas el aliento en el barreño
para que no se pierda ni una gota.

X

Abrir la tierra
como se abre un hogar
después de décadas
para que respire,
de nuevo, de alegría.
Como se abriría un cráneo
por un disparo de máuser
y brotara del cráneo
un riachuelo de amapolas.
Como se abre el cabello
de la niña sin madre que le enseñe
a hacerse un par de trenzas
cuando el viento lo mueve,
esparce y desordena.
Como la flor del cerezo
en el invierno de la historia
se abre paso el recuerdo
a través del olvido.

XI

A Miguel Ángel García, Manuel Valero,
Félix Martín Gijón y Rubén Ortega
para que nunca digamos —con Scalabrini—
que se está acabando la fiesta.

En aquellas noches de bohemia provinciana,
vaporosa y suculenta,
nos hicimos amigos.

Escribíamos, sin esperanza,
la esquela de una utopía
con palabras distintas para otra historia:
herederos insumisos
de aquel sintagma extraño.

Entonces, no quedaba tan lejos París,
los libros de Althusser
y la soledad teórica del *maitre à penser*
—que prosigue con nosotros, a pesar de nosotros—.

Si algo tuvimos, fue alegría.
Madrugadas que nos descubrieron
apurando las dudosas luces de un garito
en discusiones generosas por donde paseaban
Marsé, Gil de Biedma y «Quisquete»

para enseñarnos
el amargo deseo de la escritura.

Veo, en una noche cualquiera, a Félix volviendo de la barra
con otra cerveza y una canción entre los dientes:
«Vamos muy bien…».

Miguel Ángel y su conciencia de clase
discuten, casi por compromiso,
con hermosas camareras
adiestradas en la reverencia.

Manuel, algo cansado,
oculto tras los cristales de octubre
con aquella nobleza
que solo conocen
los barrios proletarios.

Rubén, náufrago desdeñado
que recita sin esfuerzo las soledades gongorinas
—tan suyas y tan nuestras—
cuando supuran las heridas del amor y sus batallas.

De camino a casa,
me pregunté si la tristeza
seguiría siendo menos triste
cuando ya no busquemos,

mano a mano,
otros bares perdidos y sombríos,
y a la cita solo acuda, ligera de equipaje,
la vieja ilusión por asaltar los cielos.

XII

Escapé de los tigres
alimenté a las chinches
comido vivo fui
por las mediocridades.
Bertolt Brecht

Vine a Berlín escapando de los tigres.
Arrastré mi mala orientación
por sus calles hasta Dorotheenstadt.
Te descubro junto a Helene,
haciendo esquina, y los monolitos
apoyados en la tapia del cementerio
ya sin el «*sau jud*»
que encontró un jardinero
la mañana del 6 de mayo de 1990.
En la parcela se afianzan
los crisantemos de tu vientre.

Cojo un taxi al 125 de Chausseestrasse
pasando por Theater am Schiffbauerdamm
—Robert Wilson dirige *Madre coraje*
el próximo 6 y 7 de mayo—.

En el apartamento continúan intactos
los daguerrotipos de Marx y Engels,

el retrato de Lenin, sus obras completas,
y el poema de Mao.

Después he descubierto una taberna
—como la isla descubre un náufrago
tendido en su orilla—,
bebo cerveza hasta que despierta,
sigilosa, la noche. Luego he caminado
al hotel pensando que también anochecía en Granada
—pensando que hubiera sido mejor quedarme allí,
leyendo tu poema a los hombres futuros—
pero un manzano en flor me incita
a cometer un crimen en forma de poema.
Aquí me tienes,
frente a nuestra derrota,
escribiendo una misiva sin remitente.
De Berlín queda solo el viento
que paseaba por sus calles.
Hace el mismo frío que en 1956.
Quizá un poco menos.

Por lo demás, poco puedo contarte:
que han talado el chopo verde
de la Karlsplatz;
que en Mitte, Kreuzberg o Friedrichshain
solo se habla la lengua de Shakespeare
y que han caído todos los muros
—salvo el de clase—.

ÍNDICE

Rumor de fondo

Este libro se terminó de editar en Granada
en abril de 2026 por

Aliarediciones

www.aliarediciones.es
info@aliarediciones.es